VŒUX

D'UN BON FRANÇAIS.

AUX DEUX CHAMBRES.

SUR LES ÉLECTIONS.

Par M. G......d, *Avocat.*

VPARIS.

Décembre 1815.

VOEUX

D'UN BON FRANÇAIS.

AUX DEUX CHAMBRES.

On parle d'un nouveau Projet de Loi qui doit être incessamment présenté aux Chambres, concernant l'organisation des Colléges électoraux, les qualités des Electeurs, les conditions d'éligibilité à la Chambre des Députés.

Cette Loi aura pour objet, dit-on, d'expliquer, de compléter en cette partie, ce que la Charte n'a pas suffisamment déterminé; et peut-être même de modifier sur ce point quelques-uns des articles de cette Charte, désignés dans l'Ordonnance du Roi du 13 juillet dernier.

Au nombre de ces articles désignés comme susceptibles de modification, sont notamment *le* 38e., ainsi conçu :

« Aucun Député ne peut être admis dans la Cham-

» bre, *s'il n'est âgé de quarante ans*, et s'il ne paie
» une *contribution directe de* MILLE FRANCS. »

Et le 40°., portant :

« Les Electeurs qui concourent à la nomination
» des Députés, ne peuvent avoir droit de suffrage,
» s'ils ne paient une *contribution directe de trois
» cents francs*, et s'ils ont moins de *trente ans*. »

Nous ignorons quels changemens on projette de
faire à ces deux articles. Il est probable néanmoins
que l'on proposera de confirmer la modification qui
fut déjà provisoirement prononcée par l'Ordonnance
ci-dessus, relativement à *l'âge*, lequel fut réduit à
vingt-un ans pour les Electeurs, et à *vingt-cinq* pour
les Députés.

Et peut-être proposera-t-on aussi de modifier la
condition relative à la mesure de *contribution directe*
exigée des uns et des autres.

Nous sommes bien convaincus d'avance que ces
propositions seront examinées, discutées et pesées,
dans les deux Chambres, avec cette prudence, cette
maturité, cette sagesse qui ont jusqu'ici présidé à
leurs délibérations.

On doit tout espérer de ces dignes Représentans,
qui, choisis enfin par le vrai Peuple français, dans
des assemblées où régnait une véritable liberté de
suffrages, investis de l'entière confiance de leurs con-
citoyens, font chaque jour éclater leur amour pour

(3)

lé Roi, un sincère dévouement à la Patrie, et le plus noble désintéressement.

Si, sur quelques points seulement, on a cru remarquer une divergence d'opinions qui a causé un moment d'inquiétude, cette inquiétude a été dissipée presqu'aussitôt, par la conviction où l'on est partout, qu'ils sont tous animés d'un même sentiment, d'un même désir : celui de faire le bien, de rétablir le bon ordre, de cicatriser les plaies de l'Etat, de donner au Roi tous les moyens nécessaires pour rendre son Peuple heureux.

Par suite de cette intime confiance que nous avons dans leurs dispositions, nous avons pensé qu'ils ne dédaigneraient pas d'entendre quelques réflexions sur les deux articles ci-devant transcrits, les plus importans, suivant nous, de ceux qui doivent être soumis à une prochaine révision.

Et d'abord, quant à l'âge de *quarante ans*, exigé d'un Député par l'article 38 de la Charte : quoi de plus sage, de plus digne d'être maintenu ?

Ce qui est le plus à désirer dans un Député, n'est-ce pas, en effet, un jugement sain, un sens droit, une raison calme, un esprit élaboré par l'étude, par la méditation et l'expérience ? Et ce n'est guères qu'à l'âge de quarante ans, que ces qualités se rencontrent chez la plupart des hommes ; ce n'est guères qu'à cet

1 *

âge, que leurs facultés morales ont acquis le degré de force et de perfectionnement dont elles sont susceptibles.

Il est, sans doute, quelques exceptions. Il est par fois des êtres privilégiés, chez lesquels la maturité de l'esprit devance le nombre des années; mais les Lois se font d'après les exemples les plus communs, et pour les cas ordinaires. Hélas ! jusqu'ici, dans toutes les Assemblées législatives qui ont eu lieu, nous n'avons malheureusement vu que trop de jeunes-gens, ou des hommes beaucoup trop jeunes ! Nous avons fait une assez cruelle épreuve de leur effervescence, de leur exaltation. Il est bien temps enfin de revenir aux hommes mûrs, aux hommes tempérés ; et, en ne prenant les Députés que parmi les citoyens ayant au moins quarante ans, certes, on ne manquera pas encore de sujets à choisir. Il s'en présentera toujours un assez bon nombre, ayant de plus toutes les autres conditions d'éligibilité.

Celle de payer une *contribution directe de 1000 fr.* ne nous paraît pas moins utile à conserver.

Cette contribution suppose un revenu annuel de 5 à 6000 fr. environ, soit foncier, soit industriel. Assurément, ce degré d'aisance, cette mesure de fortune n'est pas trop considérable pour un Député destiné à remplir de si hautes fonctions, surtout depuis qu'elles sont gratuites, depuis qu'elles ne sont plus salariées comme par le passé.

En Angleterre, pour être éligible à la Chambre des Communes, il faut avoir un *fonds de terre de la valeur de* SIX CENTS LIVRES STERLINGS *de revenu* au moins, s'il s'agit de représenter un *Comté* ; et de *trois cents livres sterlings* , pour représenter une *ville*.

Ce qui revient, en monnaie de France, à environ 15,000 fr. pour le premier cas, et à 7000 fr. pour le second.

Et notez que c'est en *fonds de terre* qu'il faut avoir ce revenu en Angleterre : ce qui suppose toujours une aisance plus solide, une fortune bien plus indépendante, que lorsqu'on n'a qu'un revenu d'industrie.

D'ailleurs, en y réfléchissant, on sentira que les vrais citoyens d'un Etat, ceux qui ont le plus de droit à le représenter, à stipuler ses intérêts, à régler sa constitution et son régime, ce sont les *Propriétaires-fonciers*.

De quoi se compose, en effet, un Etat, un Royaume, une République, une Nation ? — De deux principales choses : 1°. du sol ou territoire compris dans ses limites ; 2°. des propriétaires de ce sol.

Les premiers Rois de France, les premiers surtout de la seconde et troisième Dynastie, furent en même temps les plus grands propriétaires en biens-fonds, ceux qui possédaient en propre les plus vastes domaines de la France (1).

Et les Assemblées nationales auxquelles ils présidaient, n'étaient composées que de Propriétaires : savoir : les Ducs, Comtes, Barons et autres Nobles ; les Evêques et autres Prélats, les seuls qui possédassent alors des terres en pleine seigneurie ou propriété ; tous les autres habitans n'étant que leurs colons ou métayers, leurs Serfs ou esclaves.

Les autres habitans, tant des villes que des campagnes, ne commencèrent à être appelés dans ces Assemblées, à y former un troisième Ordre, sous la dénomination de *Tiers-Etat*, qu'alors qu'il leur eut été permis de posséder des fonds en propriété : ce qui

---

(1) Lors de son avénement au Trône, après l'extinction de la ligne *Carlovingienne*, HUGUES *Capet*, fils de *Hugues-le-Grand*, possédait patrimonialement, et par héritage de ses pères, la plus grande partie des terres et seigneuries situées dans ce qu'on appelait alors le *Parisis*, le Vexin, la Brie, le Gâtinais, l'Orléanais, le Blaisois, la Beauce, le Vendômois, le Perche, le Maine, la Touraine, etc. Il avait de plus le gouvernement de ces Provinces, en qualité de *Comte de Paris* et *Duc de France*. Ce fut cette grande puissance, jointe à la plus haute valeur, qui détermina les autres Seigneurs et Barons de France à le reconnaître pour leur chef, en lui déférant le titre de Roi, dans la Diète ou Assemblée tenue à Compiègne l'an 987.

n'arriva que sous le règne de Louis VI, par suite des Lettres d'affranchissement et Chartes de communes qu'il accorda aux villes et bourgs de ses domaines : exemple qui fut ensuite imité par les autres Seigneurs.

Aujourd'hui, sans doute, les Français non-propriétaires ne sont ni serfs ni esclaves des Propriétaires ; mais, à vrai dire, ils sont nécessairement leurs locataires ou fermiers, leurs pensionnaires ou salariés. Ils n'existent, ils ne résident en France, que parce que les Propriétaires veulent bien leur louer ou leur prêter partie de leurs maisons ou de leurs domaines. Cela est tellement vrai, que si tous les propriétaires de France s'entendaient pour occuper et exploiter par eux-mêmes leurs propriétés, les non-propriétaires ne sauraient plus en quel lieu demeurer.

Or, de même que le propriétaire d'une maison a seul le droit d'en déterminer la construction, la distribution ; de même que le propriétaire d'une terre a seul le droit d'en régler la culture et l'exploitation ; de même que le propriétaire d'une fabrique ou usine a seul le droit d'en ordonner l'organisation et la police intérieure : De même aussi, c'est à la collection des Propriétaires du sol d'un Etat, ou à ceux d'entre eux qu'ils ont choisis, qu'il appartient essentiellement et exclusivement de régler le régime de cet Etat.

Parmi les non-propriétaires, il existe, sans doute, et en grand nombre, des hommes très-recommandables par leurs talens, leurs connaissances et leurs vertus. Mais, au regard des Propriétaires-fonciers, que sont-ils ?

Qu'il nous soit permis de le dire ; et puissent-ils ne point s'offenser de la comparaison que nous sommes obligés d'emprunter : relativement aux propriétaires fonciers, les non-propriétaires sont, dans l'Etat, dans l'association politique, ce que sont, dans une société civile, les simples intéressés ou actionnaires, les simples artistes et ouvriers, que les propriétaires du fonds ont bien voulu admettre à cohabiter avec eux, à jouir d'une partie des avantages de leur propriété, moyennant une *mise*, soit de deniers, soit de services et d'industrie.

Ces simples actionnaires, ces artistes et ouvriers, employés dans l'établissement, sont bien intéressés, sans doute, à ses succès, à sa prospérité ; leurs profits, leurs avantages, leurs salaires, en seront d'autant plus assurés. Mais ils n'y ont certainement pas un intérêt aussi considérable, que les propriétaires du fonds même. D'un jour à l'autre, ils peuvent s'en retirer, et porter ailleurs, soit leurs deniers, soit leurs talens et leurs services. Les seconds, au contraire, y restent attachés par des liens plus difficiles à rompre, par des nœuds presqu'indissolubles.

Or, de même que dans les établissemens qui se composent tout-à-la-fois de propriétés immobilières et d'opérations industrielles, les *Gérans* sont toujours pris parmi les propriétaires du fonds, et non parmi les simples actionnaires ou commanditaires, moins encore parmi les simples artistes et employés : de même, encore une fois, les Représentans ou Députés d'une Nation, doivent être pris, de préférence, parmi les propriétaires-fonciers de cette nation, plutôt que parmi ceux qui n'y possèdent qu'une fortune mobilière, qui n'y exercent qu'une simple profession, qu'un métier ou qu'un art, quelque distingué qu'il puisse être.

L'Assemblée dite *constituante* avait d'abord rendu hommage à ce principe.

Dans un de ses premiers décrets (du mois de décembre 1789), elle avait statué, comme article constitutionnel, que pour être éligible à la fonction de Député à l'Assemblée nationale, il faudrait réunir à la qualité de Citoyen actif, la condition de payer une contribution directe égale à la valeur d'un *marc d'argent* au moins ; et, en outre, *avoir une* PROPRIÉTÉ FONCIÈRE *quelconque*. (Art. 32.)

Mais on se rappelle quelles clameurs les factieux d'alors firent retentir contre cette disposition, déjà si faible, si impuissante pour la conservation des droits de la propriété! On n'eut aucun égard à cette condition, dans les élections qui suivirent. On se rappelle aussi quels Députés elles nous donnèrent! comment furent composées, l'Assemblée dite *législative*, et celle, plus horrible encore, dite *la Convention*.

S'il n'y avait eu, dans ces Assemblées, que des Propriétaires de biens-fonds, et de biens-fonds d'une certaine importance, en serait-il sorti cette foule de décrets dévastateurs qui bouleversèrent la France, qui, en peu d'années, la couvrirent de ruines, de prisons et d'échafauds ? dont le résultat fut ensuite, que ceux-là qui ne possédaient rien, qui prêchaient l'égalité, le mépris des richesses, l'horreur des priviléges et des distinctions, se trouvèrent à la fin possesseurs des plus beaux hôtels, des plus magnifiques terres, et tout chamarrés de broderies, de cordons et de décorations de toutes les couleurs !

Concluons donc, sur ce premier point, que si l'on en veut venir à modifier l'article 38 de la Charte, ce devrait être pour exiger une contribution encore plus forte, et sur biens-fonds.

Les circonstances actuelles ne démontrent que trop combien il serait d'une sage politique, d'accorder à la Propriété foncière, quelque prérogative capable d'y rattacher les citoyens ; lorsque tant de causes malheureuses se réunissent pour en dégoûter ! Quelles charges, en effet, les propriétaires-fonciers n'ont-ils pas eues à supporter depuis quelques années, et n'auront-ils pas à supporter long-temps encore ! Qui a plus souffert de l'invasion des Armées étrangères, et de celle de l'Usurpateur ? Qui a plus souffert de la résidence, des passages et cantonnemens, tant de ces troupes étrangères que de celles de l'intérieur ? Combien n'en est-il pas qui ont maudit mille fois leurs possessions, leurs châteaux, leurs maisons, sources fatales pour eux de logemens continuels, de dépenses accablantes, de réquisitions, de contributions toujours croissantes ? Combien n'en est-il pas, qui, ne pouvant y subvenir, furent réduits à déserter leurs propres habitations, à les abandonner à la merci du soldat, au pillage, à la dévastation ? Combien enfin, dans ce moment, combien de propriétaires, ruinés, épuisés, cherchant à vendre leurs biens-fonds, et ne trouvant point d'acquéreurs, si ce n'est au plus vil prix; tandis que les Capitalistes à portefeuille en ont été quittes pour quelques légères cotisations en argent ?

Passons à l'article concernant les *Electeurs*.

On a vu plus haut qu'à leur égard il est dit : *qu'ils ne peuvent avoir droit de suffrage*, s'ils ne paient une *contribution directe* DE 3oo FRANCS au moins, et s'ils ont *moins de trente ans*. (Art. 4o.)

Que voudrait-on changer dans cet article ? N'exiger, d'un électeur, que l'âge de vingt-un ans ? Ce n'est point assez. A vingt-un ans seulement, un jeune homme est bien plus susceptible, qu'à trente ans, de se laisser influencer dans son vote, par des considérations légères, par des relations de parenté, de voisinage, de pure coterie. A peine se connaît-on soi-même, à vingt-un ans ! A plus forte raison, est-on peu capable, à cet âge, de discerner dans les autres les qualités qui doivent leur faire donner la préférence.

Sur la condition des 300 fr. seulement d'imposition, nous observerons qu'elle est bien modique, bien peu suffisante pour garantir que les Assemblées électorales ne seront composées que d'hommes libres, indépendans, inaccessibles aux moyens de captation. Gardons-nous donc d'affaiblir encore cette sauvegarde déjà si peu rassurante.

A ce sujet, nous ne pouvons nous empêcher de relever une dissonnance, une contradiction assez bizarre, qui a eu lieu lors des dernières élections, et qui, sans doute, aura été remarquée des personnes attentives à l'observation des règles.

La Charte exige, comme on vient de le voir, que les Electeurs qui concourent à la nomination des Députés, paient au moins une *contribution directe de 300 fr.*

Et nous avons vu des électeurs, des Présidens même d'Assemblées électorales, qui, notoirement, ne payaient pas cette contribution.

Nous avons vu des colléges électoraux présidés par des personnages de la plus haute distinction, sans doute, de la plus noble extraction, de la naissance la plus illustre, de la qualité la plus éminente; qui eussent infailliblement obtenu pour eux-mêmes l'unanimité des suffrages, s'ils avaient daigné les agréer ; mais qui, cependant, en réalité, et rigoureusement parlant, ne réunissaient pas la condition constitutionnelle prescrite par la Charte, celle de payer une imposition directe de 300 fr. au moins : condition prescrite en termes généraux et absolus, pour tous les électeurs, sans exception, *qui concourent à la nomination des Députés* : condition par conséquent applicable au Président d'une Assemblée électorale, aussi bien qu'aux autres Electeurs, puisqu'il concourt personnellement aux nominations, puisqu'il donne son suffrage, son vote, ainsi que les autres.

Loin de nous la pensée d'arguer de nullité les élections faites dans ces Assemblées qui eurent l'honneur d'être présidées par des Chefs augustes, par des Princes qui y firent briller tout à la fois un patriotisme si touchant, une élocution si noble, une popularité si douce, unie à tant de majesté !

Loin de nous la pensée de vouloir les écarter de cette Présidence, qu'ils remplirent si dignement, à la satisfaction si grande des Colléges électoraux qui en furent gratifiés, et que tous les autres leur envièrent !

Nous ne voulons qu'avertir qu'il serait encore mieux de régulariser cette Présidence, de la mettre en parfaite harmonie avec les dispositions de la Charte.

Pourquoi ces Princes si éminemment Français, si dignes de présider des Français, de participer à l'exercice de leurs droits politiques, aux élections de leurs députés, ne seraient-ils pas mis en situation de réunir, dans leurs personnes, toutes les qualités et conditions exigées des autres citoyens pour l'exercice de ces droits ?

Pourquoi ne possèdent-ils pas, en effet, quelque portion de l'ancien patrimoine de leurs aïeux ? Pourquoi ont-ils été exclus de toute participation à la jouissance de leurs anciens domaines ? Pourquoi n'en a-t-on fait que de simples Pensionnaires du Trésor public ? Pourquoi les a-t-on éliminés de la classe des Propriétaires payant impositions, dont ci-devant ils faisaient partie ?

Eh quoi ! cet Etranger obscur, vomi sur nos bords par le démon de la discorde, qui poussa l'insolence jusqu'à oser placer sur sa tête patibulaire la couronne de nos Rois, qui n'apporta en France d'autre dot, qu'une soif inextinguible de sang, de carnage et de rapines, qui ne nous a laissé pour héritage, que des monceaux de ruines, de cendres et de décombres : on ne fit nulle difficulté de lui concéder, pour sa dotation personnelle, non-seulement tout ce qui avait été désigné pour la Liste civile du Roi, par la loi du 1.er juin 1791, mais encore tout le produit des provinces, royaumes et souverainetés qu'il avait envahies au prix du sang et de l'épuisement d'une si forte partie de la population française ?

Et, de plus, on donna à ses frères et sœurs, à titre d'*Apanages*, les plus belles portions du Domaine intérieur de l'Etat, outre ce qu'il leur avait encore attribué dans les pays conquis ! (*V. Sénat. cons.* des 21 janvier et 13 décembre 1810, des 1er. mai 1812 et 14 avril 1813.)

C'est ainsi, notamment, que par un Sénatus-consulte du 13 décembre 1810, on attribua libéralement au nommé *Louis*, en sa prétendue qualité de *Prince français*, et à titre d'Apanage, 1°. la forêt de *Mont-morency*, les bois de *Chantilly*, d'*Ermenonville*, de l'*Isle-Adam*, de *Coye*, de *Pont-Armé*, du *Lys*, et autres; plus, des domaines existans dans l'ex-département des *Bouches-du-Rhin*, jusqu'à la concurrence d'un revenu net d'un *million*; plus encore, une rente annuelle d'un *million* sur les fonds du trésor public !

Et, dans un autre Sénatus-consulte du 30 janvier 1810, il était dit, art. 55 : — « *Des Apanages sont*
» *dus*, 1°. aux Princes fils puînés de l'Empereur
» régnant, ou de l'Empereur et du Prince im-
» périal décédés; 2°. aux descendans mâles de ces
» Princes, etc.

» *La plus grande partie des Apanages des*
» *Princes consiste* TOUJOURS *en* IMMEUBLES *situés*
» *dans l'étendue du territoire français*, etc. »

Voilà ce qui était ordonné pour la famille d'un Aventurier, qui n'avait pas apporté à l'État, de son propre fonds, une perche de terre (1) !

____

(1) Même depuis sa seconde expulsion, on a encore laissé

Et les descendans de ces Princes et Monarques français, qui successivement apportèrent à la Couronne, et réunirent au domaine public de l'État, leurs domaines patrimoniaux formant plus des deux tiers des provinces qui composent aujourd'hui le royaume de France ; les fils de Henri IV, de ce Prince, entre autres, qui, seul, comme héritier de son père *Antoine de Bourbon* et de *Jeanne d'Albret* sa mère, apporta le Béarn et partie de la Navarre, le duché d'Albret, les comtés de Foix et d'Armagnac, les domaines royaux du Limousin et du Périgord, les duchés de Bourbon, de Vendôme, du Maine et comté du Perche : ils ne posséderaient pas une parcelle de l'immense patrimoine de leurs pères !

Si *des Apanages sont dus aux Princes français*, ainsi qu'il est dit dans le *Sénatus-consulte organique* du 30 janvier 1810, n'est-ce pas surtout aux Princes dont les aïeux augmentèrent et enrichirent le domaine de l'État, par tant et de si importantes possessions, qui seraient encore le domaine privé de leurs descendans, s'ils n'en eussent consenti la réunion à la Couronne ?

---

ses frères et sœurs, ou leurs agens, en pleine jouissance de ces portions importantes du domaine de l'état qui leur avaient été conférées si abusivement, et qui, ce semble, auraient dû être retirées de leurs mains, et rendues à l'État, du moment que l'usurpateur cessa de régner.

On

On leur a assigné des Pensions sur le trésor public !

Mais est-ce donc la même chose, que de posséder en nature une part des domaines fonciers qui furent habités, fertilisés, illustrés par nos pères, qui nous rappellent sans cesse le souvenir de leur résidence, de leurs actions, de leurs bienfaits exercés dans ces mêmes lieux ? Une pension a-t-elle le même attrait, le même charme que la propriété ? Attache-t-elle autant au sol de la patrie ? Intéresse-t-elle autant aux progrès de l'agriculture, à la bonne administration des bois et forêts, au soulagement, à l'amélioration du sort des habitans des campagnes ?

D'ailleurs, est-ce donc une chose indifférente, de paraître ne tenir ses revenus, ses moyens d'existence, que de la seule munificence de la Nation, de la libéralité du Trésor public, de n'être enfin qu'un pensionnaire ou rentier de l'Etat : tandis qu'on a droit, d'après des lois fondamentales (1), et d'après les principes du droit commun, à posséder en nature, et comme propriétaire, au moins comme usufruitier, une portion du vaste héritage paternel fourni à l'Etat lui-même ?

Mais les Apanages en biens-fonds ont été suppri-

______

(1) Ordonnance du mois de février 1566, dite *de Moulins*, rendue sur le vœu et la demande des Etats-Généraux.

més par une loi expresse de l'Assemblée constituante !

Eh bien, soit! Mais on vient de voir que cette loi
de l'Assemblée constituante, contraire à des lois
fondamentales observées pendant huit cents ans, a été
elle-même révoquée et abolie à son tour par un Sénatus-consulte qui, appliqué aux Princes légitimes de
la Maison de France, ne ferait que remettre les choses
dans l'état où elles n'auraient jamais dû cesser d'être.

Rétabli dans les domaines invendus de son Apanage (1), le Premier Electeur de France ne se trouve-
rait plus former une sorte d'exception, de dérogation
à la Charte; et ses deux fils, participant à la même
qualité de propriétaires payant impositions, se trou-
veraient également réunir toutes les conditions pres-
crites pour continuer à remplir, chaque année, les
fonctions civiques dont ils se sont déjà si noblement
acquittés (2).

---

(1) Il ne reste plus de cet ancien apânage que quelques
vieux châteaux et des bois dont le produit net pourrait être
déduit proportionnellement sur la rente qui lui est payée par
le trésor public. Mais, nous le répétons, la première base
du droit d'élection à la représentation nationale devant être
la propriété foncière, il conviendrait que les Princes du sang
fussent aussi de grands propriétaires. Il vaudrait donc beaucoup mieux leur donner en fonds de terre ce qu'ils ont en
pension ; ce qui ne ferait point une surcharge pour l'Etat.

(2) M. le Duc d'Orléans a été remis en possession dés biens

Nous n'ajouterons plus qu'un mot , sur un autre article de la Charte : celui portant *que le Président de la Chambre des Députés est nommé par le Roi sur une liste de cinq membres présentés par la Chambre.* (Art. 43.)

Cet article est encore un de ceux désignés comme devant être soumis à la prochaine révision.

Eh ! que pourrait-on trouver à changer dans cet article ? Voudrait-on retirer au Roi la prérogative qu'il lui accorde ? Nous ne pouvons le penser : l'usage que le Roi a déjà fait deux fois de cette prérogative, a été trop agréable à la Chambre elle-même, et à toute la France, pour qu'une telle pensée puisse entrer dans l'esprit d'aucun Français !

Le Président nommé par le Roi n'est-il pas nommé d'abord par la Chambre elle-même, dès-là qu'il ne peut être pris que parmi les cinq membres qu'elle présente ? Il est donc véritablement de son choix. Il est investi de sa confiance, ainsi que de celle du Roi.

Quelle différence entre cette sage disposition, et celle du Sénatus-consulte par lequel on eut l'impudeur d'autoriser un tyran ombrageux à donner au

---

et domaines invendus de l'ancien apanage de son père. On lui a appliqué le bénéfice de la loi du 5 décembre 1814. Pourquoi la même restitution ne serait-elle pas faite à *Monsieur,* dont l'apanage était moins considérable, et dont la réversion à la couronne serait susceptible de s'opérer bien plus prochainement ?

Corps législatif un président qui ne fut pas même pris parmi ses membres !

MANDATAIRES DU PEUPLE, interprètes de ses vœux, dépositaires de sa confiance : vous ne pouvez mieux répondre à cette confiance, qu'en vous tenant invariablement unis à son Roi, le premier objet de son amour ; mieux justifier ses suffrages, qu'en restant fidèles à la Charte où ce bon Roi, nouveau Numa, a si sagement posé les bases des meilleures institutions ; où se trouvent les plus solides garanties des droits de chacun, et les germes de toutes les bonnes lois à faire.

Evitez tout ce qui pourrait ajouter aux difficultés dont il est environné, et aux amertumes dont il n'a été que trop abreuvé jusqu'ici ! En vous ralliant sans cesse autour de son trône, en secondant de tous vos efforts ses desseins paternels, hâtez les heureux effets qu'il s'est promis de ce premier ouvrage de sa sagesse profonde ; concourez à réaliser le plus tôt possible le plus ardent de ses désirs, à le faire jouir du spectacle le plus cher à son cœur : celui de la paix intérieure, sans laquelle il ne peut être de bonheur pour personne.

G......

Décembre 1815